NOTICE

SUR LA VIE ET LES ÉCRITS

D'ELIE LUZAC,

PAR H. C. CRAS,

Professeur de Droit à Amsterdam.

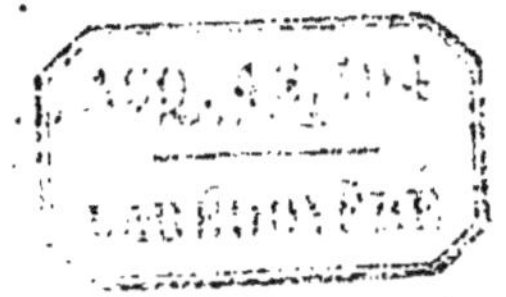

PARIS,

DE L'IMPRIMERIE DE J. B. SAJOU,

Rue de la Harpe, n.° 11.

1813.

Extrait du Magasin Encyclopédique , Numéro
d'Août 1813.

NOTICE

Sur la Vie et les Ecrits d'Elie LUZAC.

LA famille Luzac, française d'origine, avoit quitté sa patrie à l'époque de la révocation de l'édit de Nantes. De trois frères de ce nom, deux étoient établis, au commencement du siécle dernier, à Leyde. L'aîné s'étoit d'abord voué à l'état ecclésiastique, et avoit commencé ses études à l'Université de Franeker. Mais il lui arriva à peu près la même chose qu'à Boerhave. Chargé, dans un exercice académique, de disputer sur un point de théologie, il proposa ses objections et ses doutes avec tant de vigueur et de feu, que l'orthodoxie de ses sentimens parut suspecte à des personnes scrupuleuses. Il n'en fallut pas davantage pour le dégoûter de cette première carrière, et il aima mieux se réunir à son frère qui exerçoit la librairie à Leyde. Il y commença cette Gazette (*Nouvelles extraordinaires de divers endroits*) que son exactitude et sa véracité ne distinguèrent pas moins que la pureté du style et l'esprit de liberté dans lequel elle étoit rédigée, et qui, à ces titres, a été recherchée dans toute l'Europe, pendant plus d'un siécle.

Un troisième frère Luzac étoit maître de pension à Noordwyk, et avoit porté cet établissement à un degré de prospérité si extraordinaire, qu'il parvint à une aisance très-voisine de la richesse. Il en usa principalement pour donner à ses cinq enfans l'éducation la plus soignée. De trois fils qu'il eut, le second, Elie, fait le sujet de cette Notice.

Il naquit à Noordwyk le 19 octobre 1723. Ses premières années, loin d'offrir quelque chose de remarquable, ne sembloient annoncer en lui qu'un esprit très-borné. Il étoit d'ailleurs d'une humeur triste et sombre, et ne jouoit jamais avec ses camarades. A douze ans ce caractère éprouva un changement aussi subit que complet. Ce fut une espèce de réveil. Il acquit tout-à-coup beaucoup de vivacité, et montra la plus grande application à toutes ses études. Envoyé, pour les achever, à l'Université de Leyde, il suivit les leçons de Hemsterhuis sur la littérature ancienne, et se perfectionna dans les sciences mathématiques et physiques sous Musschenbroek et Lulofs. Ces deux célèbres professeurs l'honorèrent bientôt d'une amitié particulière, et c'est sans doute dans l'influence qu'ils exercèrent sur lui qu'il faut principalement chercher la cause de cette tournure d'esprit méthodique, de cette rigoureuse exactitude de raisonnement qui distinguèrent tous ses travaux dans un âge plus avancé, et qui dès-lors lui firent embrasser avec ardeur le système philosophique que Wolff venoit d'établir en Allemagne sur les bases posées par le grand Leibnitz. Wolff, en effet, employoit dans toutes ses recherches et démonstrations les procédés géométriques, en partant toujours des notions les plus simples, en n'admettant jamais que des termes scrupuleusement définis, et en n'enchaînant aucune proposition nouvelle qu'à des théorêmes déja établis d'une manière incontestable. On ne peut s'empêcher de convenir que les sciences philosophiques n'aient beaucoup gagné à cette méthode, sous le rapport de l'évidence, de l'ordre et de la cohérence, pour ainsi dire, dans les idées. Mais, peu content de la réalité de ces avantages, Wolff, comme la plupart des inventeurs, poussa les choses trop loin, et sembloit se plaire à montrer, à étaler ses moyens. Les plus éclairés de ses disciples se gardèrent bien de l'imiter à cet égard; ils préférèrent l'exemple de s'Gravezande, qui avoit prouvé, par son Introduction à la Philosophie, comment on peut tenir une marche droite et assurée sans être entouré d'un appareil scientifique quelquefois ridicule et le plus souvent inutile et fatigant. Luzac se servit aussi de la méthode ainsi modifiée dans le premier écrit qu'il publia sous son nom, et où, pour donner un échantillon des connoissances qu'il avoit déja acquises dans la philosophie du droit, il examine avec autant de profondeur que de sagacité la question, s'il est permis de sauver l'Etat par le sacrifice d'un citoyen innocent (1). Voici le titre de cet ouvrage, dédié aux illustres professeurs sous lesquels il vevoit de terminer ses études. ELIAE LUZAC, Eliæ filii, *disquisitio politico-moralis : nùm civis innocens iræ hostis longe potioris juste permitti possit, ut excidiûm totius civitâtis evitetur. Lugd. Batav., typis auctoris, MDCCXLIX; in-8.º.*

On voit que l'auteur est en même temps l'imprimeur, et c'est effectivement cet état, jadis illustré par les Manuces et par les Etiennes, que Luzac avoit choisi en quittant l'Académie. Mais il faillit s'en repentir, à cause des désagrémens qui résultèrent pour lui d'une de ses premières spéculations; je veux dire de l'impression de l'*Homme ma-*

(1) Il ne prit cependant ses degrés que quelques années plus tard, et fit imprimer alors un *Specimen juris inaugurale, de modo procedendi extra ordinem in causis criminalibus;* 1759.

chine, qui parut sans nom d'auteur, mais avec une dédicace au célèbre *Haller*, en 1748.

Attaqué de plusieurs côtés à la fois, tant au sujet de ses opinions personnelles, que par rapport à ses droits comme imprimeur-libraire, il se défendit avec énergie dans *l'Homme plus que machine* (1), et dans *l'Essai sur la liberté de produire ses sentimens* (2). Dans l'une et l'autre de ces brochures, il insista sur le principe qu'il avoit déja rappelé dans l'Avertissement placé devant l'ouvrage de *Lamettrie* ; savoir, que publier les objections des sophistes, quelle que soit leur nature ou leur tendance, est le moyen le plus infaillible de préparer et d'assurer le triomphe de la vérité, qui ne résulte jamais que d'une discussion franche et approfondie ; au lieu que toute tentative pour les supprimer, passe aux yeux des gens peu instruits pour un aveu tacite de l'impuissance où l'on se trouve de leur opposer des argumens plus forts et des raisons plus convaincantes.

Le mouvement que toute cette affaire avoit causé dans la République des lettres,

____

(1) Londres [Leyde], 1748.

(2) Au Pays libre, pour le bien public, 1749 : avec privilége de tous les véritables philosophes.

ne tarda pas à s'appaiser, et je suis porté à croire que c'est là le seul incident qui, dans le cours d'une longue carrière, ait troublé d'une manière remarquable la vie de Luzac. Elle fut d'ailleurs exempte de traverses ; et le reste de son histoire, semblable à celle de la plupart des savans, sera tout simplement le récit de ses travaux littéraires. Au bout de peu d'années, son imprimerie n'exigea plus de lui d'autres soins que ceux d'une surveillance générale, et la profession d'avocat, qu'il embrassa en 1759, le détourna moins qu'on ne doit le penser de ses occupations scientifiques ; car il fréquentoit peu le barreau, et se bornoit à défendre par des mémoires à consulter, dont plusieurs sont des chef-d'œuvres, les causes importantes pour lesquelles on avoit recours à ses lumières, et qui lui étoient confiées préférablement à tout autre toutes les fois qu'elles étoient compliquées avec des questions de commerce ou de droit public. J'anticiperai ici sur l'ordre des temps pour en citer quelques exemples.

Lorsqu'en 1766, les États de Hollande, excités par des personnes d'une conscience timorée, délibérèrent sur l'établissement d'une censure, Luzac, fidèle aux sentimens qu'il avoit professés dans sa querelle sur l'*Homme machine*, prêta sa plume à ceux qui, se fondant sur la constitution du pays, sur le caractère hollandois et sur l'intérêt bien entendu de la vérité, réclamoient le maintien d'une liberté entière. Leurs raisons, présentées et développées avec cette force entraînante qui ne peut être le fruit que d'une conviction intime, ne furent point méconnues dans l'assemblée des Etats qu'elles déterminèrent au rejet de la mesure proposée.

Des mémoires non moins remarquables, soit qu'on examine l'importance de la matière, soit qu'on ne considère que la vigueur du raisonnement et du style, sont ceux qu'il rédigea en 1788, et dans les années suivantes, pour le Sieur Charnock de Flessingue et pour la maison Hope. Il s'agissoit des droits de la Compagnie des Indes orientales de s'opposer aux expéditions des négocians particuliers de ce pays pour les ports du Bengale et de la Côte de Coromandel, occupés par les Anglois et par d'autres nations étrangères. Luzac, à qui il fut permis de profiter en cette circonstance des lumières d'un de ses amis, homme profondément versé dans tout ce qui se rapporte au commerce et à la législation commerciale (1), s'attacha à prouver que l'octroi, accordé à la

(1) M. R. Voute, maintenant directeur de la caisse centrale dans les départemens de la Hollande.

Compagnie, non pas pour son intérêt parti-
culier, mais pour le bien et l'avantage de
tous, ne pouvoit s'expliquer dans un sens
restrictif, d'autant moins que les circonstances,
dans lesquelles il avoit été primitivement
obtenu, avoient subi un changement total.
Plusieurs vérités utiles, qu'il sema dans cette
discussion, furent mal accueillies alors, mais
se conservèrent dans les bonnes têtes, et ne
tardèrent pas à fructifier, lorsqu'au bout de
quelque temps, les événemens eurent dimi-
nué la prévention pour les établissemens
anciens et la superstitieuse admiration de la
sagesse de nos pères. Ces vérités sont rela-
tives aux mauvais effets du monopole en
général; à la tendance naturelle de toute société exclusive vers l'oppression de ses con-
currens lés plus éloignés; aux dangers particuliers qui résultent de ce système pour
un pays, qui, comme la Hollande, ne
pouvoit assurer son existence qu'en étendant
son commerce dans la même mesure que
les nations rivales; enfin à l'impossibilité
d'empêcher les capitaux de se porter par
des voies détournées vers les points où leur
opération promet les plus grands avantages.

On ne sera pas surpris d'apprendre que
Luzac s'attacha, de plus en plus, à un
genre de vie où il trouvoit, outre le plus
grand des biens pour un homme de-lettres,

je veux dire l'indépendance, de fréquentes
occasions d'être utile à ses concitoyens, et
un loisir convenable pour ses études favorites. Aussi n'hésita-t-il pas sur le parti qu'il
avoit à prendre, lorsqu'on lui offrit l'emploi
lucratif et distingué de greffier de la cour
des domaines du prince Stadhouder. Il re-
fusa ; mais ce refus même lui valut un
nouveau témoignage de considération, puis-
que la place fut conférée à un ami de sa
jeunesse (1) qu'il s'étoit permis de recommander comme y étant singulièrement propre.

Le premier traité de philosophie que
publia Luzac eut pour titre *le Bonheur,*
ou *nouveau système de jurisprudence naturelle (2).* Il est très-difficile aujourd'hui
d'en trouver des exemplaires, et c'est cependant l'ouvrage que j'aimerois le mieux
mettre entre les mains des jeunes gens qui
se livrent à l'étude du droit de la nature.
Les opinions de l'auteur ne sont pas, dans
l'état actuel de la science, à l'abri de toute
objection; mais sa méthode est admirable. Il
commence par une exposition succincte du
sentiment primitif et des différentes espèces
d'états où les êtres intelligens se trouvent
placés; et, analysant ensuite avec autant de

(1) M. Dutry van Haeften.
(2) A Berlin, 1753.

précision que de clarté les termes souvent
trop vaguement employés, *d'obligation, devoir, droit, loi,* ainsi que le rapport nécessaire qu'il y a entre le bonheur et les
actions de l'homme, il établit enfin comme
principe général, *qu'il faut contribuer de
toutes ses forces au bonheur de tous les
hommes, selon l'état dans lequel on se
trouve.*

On retrouve ici l'école de Leibnitz et de
Wolff, et il est certain que, loin de vaciller
dans l'attachement qu'il avoit voué à ces
philosophes, Luzac a toujours avidement
saisi chaque occasion d'expliquer et de défendre leur système. C'est ainsi qu'un Mémoire sur, ou pour mieux dire, contre les
Monades, inséré dans le *Journal des Savans*
du mois d'avril 1753, l'engagea à publier des
Recherches sur quelques principes des connoissances humaines (1), où la grande
question sur l'origine de nos idées est exposée et traitée d'une manière tout-à-fait lumineuse, et dont la lecture ne peut être que
très-utile pour tous ceux qui voudroient
examiner si la nouvelle doctrine du *phénomène* et de la différence entre le monde intelligible et le monde sensible doit être exclusivement attribuée au célèbre Kant. Au reste, il

(1) Goettingue et Leyde, 1756.

faut convenir que dans cet ouvrage la vigueur du raisonnement et du style est encore moins remarquable que l'amertume, je dirois presque la dureté des expressions qu'il employe quelquefois à l'égard de son trop foible adversaire (1). La Préface contient même quelques excuses à ce sujet; mais, tout en reconnoissant les avantages d'une discussion plus calme, il ne pouvoit se défendre de la vivacité de ses affections et de son zèle extrême pour la propagation des vérités qu'il croyoit démontrées.

Ce même zèle lui fit entreprendre, en 1789, la rédaction d'un Journal littéraire, destiné à rendre compte des nouveaux livres qui se publioient tant dans l'étranger qu'en Hollande (2). Il ne tarda pas à être généralement recherché; et telle étoit la persévérante activité de Luzac, et la facilité de son travail, qu'il continua pendant cinq ans à donner, deux fois par semaine, une feuille où des extraits judicieusement faits étoient accompagnés de savantes critiques et de jugemens également recommandables par leur tour concis et par leur modération. Je ne

_____

(1) M. Boullier le père, ministre de l'Eglise wallonne, à Amsterdam.

(2) Nederlandsche Letter-courant. *Nec temere nec timide.* Leyde, 1759—1763. 40 vol.

connois pas exactement les motifs qui l'engagèrent à faire cesser la publication de ce Journal, et je ne puis par conséquent expliquer ce qu'il y a de mystérieux dans le dernier Numéro où, prenant congé de ses lecteurs, il déclare être dégoûté *par la gêne qu'on éprouve dans la manifestation de sa pensée, et par le danger qu'il y a à annoncer et à juger ce qu'il n'y a aucun danger à débiter et à vendre.* Il n'en continua pas moins à fournir des articles pour la Bibliothéque impartiale et la Bibliothéque des sciences, écrits périodiques de ce pays, qui, rédigés en français, circuloient dans une grande partie de l'Europe, et dont la suppression a contribué, plus que toute autre chose, à cette ignorance où sont les nations voisines de ce que la littérature hollandoise a produit d'utile et de beau dans ces derniers temps.

C'est encore à notre auteur qu'appartiennent les *Remarques philosophiques et politiques d'un Anonyme* sur *l'Esprit des Lois*, qui embellissent l'édition des OEuvres de Montesquieu de 1765 (1). Voué dès sa jeunesse à l'étude de la philosophie du droit, Luzac n'avoit pu lire qu'avec un intérêt parti-

____

(1) Six vol. in-12, Amsterdam et Leipsick, chez *Arkstée* et *Merkus*.

culier un ouvrage de cette force. Mais, plein d'admiration pour le génie de l'illustre Président, il regrettoit de le voir à chaque instant séduit par l'amour d'antithèses, indignes de trouver place dans un examen sérieux, et livré à une affectation, à une recherche d'esprit, doublement condamnable dans un homme aussi spirituel. Ces regrets étoient d'autant plus vifs que, dans son opinion, les défauts dont il s'agit étoient incompatibles avec la sévérité et la précision qui conviennent aux raisonnemens philosophiques, et qu'après avoir détourné l'auteur de la bonne route, ils servoient encore à colorer et à cacher ses erreurs aux yeux de la multitude, et à retarder d'autant la découverte de la vérité. Les Remarques de Luzac sur l'Esprit des Lois ne tendent qu'à rendre la lecture de ce bel ouvrage plus généralement utile, en détruisant ou en affoiblissant du moins, dans l'esprit des jeunes gens, l'impression que des hypothèses ingénieuses et un style brillant manquent si rarement de produire.

Mais il s'occupa plus sérieusement de la réfutation de Rousseau, dont les paradoxes et les succès lui paroissoient éminemment préjudiciables au véritable esprit de la science et à toute instruction solide. Aussi n'a-t-il déployé nulle part plus de talent et de vigueur, et je ne puis m'empêcher de croire que, parmi ses nombreux adversaires, le Citoyen de Genève n'en a pas trouvé de plus incommode que l'Anonyme qui lui écrivit deux lettres sur le Contrat Social et sur l'Emile (1). Animé par le sentiment du danger qui pouvoit résulter de ces ouvrages, il en examine scrupuleusement les premières bases et les élémens; aucun paralogisme, aucune conséquence hasardée ne lui échappe; et, sans jamais être ébloui par l'éclat des expressions, il va jusqu'au fond de chaque pensée, la retourne en tout sens et l'éprouve rigoureusement au creuset de la saine logique. Qu'il soit permis à un Hollandois, jaloux de la gloire littéraire de son pays, de recommander spécialement la belle Préface de la seconde Lettre où Luzac prend la défense de l'immortel Grotius, de ce grand homme que nous avons vu, de nos jours, appelé devant tant de petits tri-

(1) Lettre d'un Anonyme à M. J. J. Rousseau. Paris, 1766. Seconde Lettre d'un Anonyme à M. J. J. Rousseau, contenant un examen suivi d'un plan d'éducation, etc. Paris, 1767. Chaque Lettre a pour épigraphe une sentence tirée des écrits de R.... « Des « hommes droits ne doivent jamais fermer les « yeux à l'évidence, ni disputer contre la vérité. « Ce qu'il y a de pis pour la sagesse, c'est d'être « savant à demi. »

bunaux, enhardis sans doute par l'exemple de Rousseau. Ici il y avoit, ce me semble, entre l'esprit de Grotius et celui de son défenseur une affinité, j'aurois presque dit une sympathie , remarquable. Quiconque a lu leurs principaux ouvrages a dû reconnoître qu'ils étoient l'un et l'autre pénétrés d'un respect religieux pour la véritable science dont ils croyoient ne pouvoir mieux assurer et faciliter les progrès qu'en raisonnant avec méthode, avec circonspection, et sans jamais se permettre des assertions vagues et incohérentes. Aussi sera-t-on peu surpris d'apprendre que Luzac n'eut garde de partager l'opinion de la plupart des philosophes contemporains qui voyoient dans le prétendu *sens moral ,* préconisé par Shaftesbury , Hutcheson, Fordyce, et autres, le principe fondamental et la règle certaine de nos devoirs. Dès l'année 1761, il avoit, dans un Traité sur le perfectionnement de la morale par la révélation (1), expliqué la nature des principes moraux, et sous quelles conditions ces principes pouvoient être reconnus pour vrais et incontestables. Reprenant cette matière importante en 1771 , il prouva,

(1) Ce Traité a concouru pour le prix offert par les directeurs du legs de Stolp en 1761, et il a été inséré dans le premier volume de leurs Mémoires.

2

dans la Correspondance de Philagathos et de Philalethe (1), que cet instinct moral, dont on vouloit faire un sixième sens, manquoit de clarté et de certitude, et n'offroit, dans les questions plus ou moins compliquées, qu'une ressource infiniment douteuse. Un examen aussi approfondi de la nouvelle doctrine ne pouvoit venir plus à propos. Il étoit temps de faire revenir les esprits. Déja un Ecclésiastique, respecté pour ses vertus et son savoir, ALLARD HULSHOFF, avoit cherché dans le sens moral le fondement de l'autorité législative que les théologiens attribuent à l'Être suprême; tant est grande l'influence de l'engouement, de la prévention du moment, de la mode, en un mot, sur les matières qui devroient en être le plus indépendantes!

La réputation de Luzac s'étendit considérablement par l'édition qu'il donna, en 1772, des *Institutions du Droit de la Nature et des Gens de* WOLFF. Ses additions et ses notes rendirent ce livre vraiment classique. Il s'étoit surtout attaché à présenter des éclaircissemens philosophiques sur la législation romaine et sur les précieux fragmens des anciens jurisconsultes; et, pour savoir à quel

(1) Voici le titre de cet ouvrage : *Briefwisseling van Philagathos en Philalethes over de leer van het zedelyk Gevoel.* Uilgegeven doov *Johannes Petsch.* Utrecht, 1771.

point il y a réussi, il suffit de lire ses remarques sur la possession (§. 200), sur la
révendication (§. 262), sur la possession
de bonne foi (§. 276), sur l'imputation, etc.
Dans d'autres parties de cet excellent com-
mentaire, qui contient les fruits de ses
longues méditations et de ses études favorites,
Luzac s'arrête à des points longtemps dé-
battus du droit naturel, et presque jamais il
n'en termine l'examen sans avoir levé les
doutes et fixé l'opinion du lecteur. C'est
ainsi qu'il démontre (§. 927) que le droit
de disposer des biens qu'on laisse à sa mort
n'est pas un droit purement civil et fondé
sur la seule volonté du souverain, mais un
droit inhérent à l'homme, et qui ne peut
lui être contesté d'après les lois de la nature. Ses argumens, principalement dirigés
contre le président Van Bynkershoek, pa-
rurent tellement forts et conclusifs sur cette
question, que les savans Rédacteurs du Journal de Goettingue, qui en rendirent compte
dans le temps, ne purent s'empêcher de
reconnoître qu'elle étoit définitivement ré-
solue.

Au milieu des éloges unanimes qui accueil-
lirent cet ouvrage, un seul homme pouvoit
concevoir l'idée de faire mieux encore, et
c'étoit l'auteur lui-même. Il paroît que dès
cette époque il s'occupa de réunir dans un

grand cadre les élémens de toute sa doctrine philosophique et les principaux développe-mens dont elle étoit susceptible. Son plan étoit de montrer d'abord l'homme comme être intelligent, et d'examiner la nature et les bornes de cette intelligence pour en dé-duire les règles qui doivent le diriger dans ses actions. La nécessité d'arranger ces règles systématiquement et de traiter la morale comme une science, une fois démontrée, il devoit exposer le principe de la sociabi-lité, et considérer en général la société hu-maine avec les devoirs qu'elle suppose et les lois que sa conservation rend nécessaires. Des recherches particulières étoient destinées au droit de propriété et aux différens con-trats par lesquels ces droits se transportent ou se modifient dans la vie civile. Enfin, après avoir envisagé les citoyens dans toutes leurs relations réciproques, il se proposoit de faire connoître l'essence de celles qui doivent exister entre eux et le souverain, et de terminer son travail par un coup-d'œil général et rapide sur les bases du droit des gens.

Mais j'ai tort de ne parler de cet ouvrage que comme d'un vaste projet; car il existe, et, s'il n'a pas été imprimé entièrement, c'est qu'on a très-peu soutenu le zèle des libraires qui en publièrent la première partie, sept ans après la mort de l'auteur, sous le titre suivant : *Du Droit naturel, civil et politique, en forme d'entretiens, par M. Elie Luzac*; Amsterdam, 1802. Faisons des vœux pour que le retour des bonnes études et la plus grande attention qu'on accorde depuis quelque temps aux sciences morales et à la jurisprudence, nous fassent bientôt jouir des autres parties, et pour que la publication d'un livre sur des matières aussi importantes cesse d'être une entreprise ruineuse !

Au reste, Luzac lui-même vit décliner successivement et s'anéantir enfin l'intérêt qu'inspirèrent, pendant une grande partie du dix-huitième siécle, les discussions philosophiques; et, dans ce grand changement qui porta tous les esprits vers des questions d'une nature plus délicate, il s'empressa de faire entendre la voix de la justice et de la modération. Ses *Annales Belgiques* en font foi. Cet écrit périodique, qui mérita pendant toute la durée de sa trop courte existence (1), d'être comparé à l'excellente Gazette que rédigeoit un autre Luzac, présente, avec la plus impartiale exactitude, l'origine et les premières circonstances des dissentions qui finirent par priver l'Angleterre de ses colonies américaines. L'auteur

-----

(1) Depuis 1772 jusqu'en 1776, 15 volumes in-12.

est loin de s'y montrer insensible à la beauté du spectacle qu'offre un peuple armé pour revendiquer ses droits ; mais il insiste plus particulièrement sur les inconvéniens d'une pareille situation, sur la rareté des cas où les efforts de cette nature ont été couronnés par un heureux succès, et sur les dangers de toute espèce qui accompagnent l'exagération du patriotisme. Ce n'est pas en énonçant de tels principes qu'il pouvoit prétendre à quelque popularité dans un pays où l'esprit de parti commençoit dèslors à égarer jusqu'aux meilleures têtes. Il trouva même des ennemis assez injustes pour le représenter comme un homme vendu à la maison d'Orange, et on rappela, en cette occasion, comme un de ses torts les plus essentiels, le parti qu'il avoit pris, à une époque déja fort éloignée, dans la discussion que l'histoire de Wagenaar avoit fait naître sur le caractère et les actions du grand-pensionnaire De Witt (1). Le fait est qu'une étude approfondie de la constitution hollandoise avoit convaincu Luzac de la

(1) De Zucht van den Heer Raad Pensionaris *De Witt* tot zyn vaderland en deszelfs vryheid uit zyne daden nagespoord. Leiden 1757, et Het oordeel over den Raad - Pensionaris J. D. W. zoo als het in het Werkje Genaamd de Zucht, enz. vervat is, bekrachtigd, bevestigd en bewezen. *Ibid.*

nécessité du Stadhoudérat. Cette institution étoit, dans son opinion, un centre commun, un lien que le morcellement de la souveraineté parmi tant de provinces et de villes rendoit indispensable; un contre-poids salutaire à l'ambition des familles patriciennes; et, dans ce sens, le plus important boulevart de la liberté publique. Ces vérités lui paroissoient plus évidentes encore par le témoignage de l'histoire qui nous montre le rétablissement des fonctions du Stadhouder comme une mesure généralement applaudie toutes les fois qu'une crise quelconque faisoit sentir plus vivement le besoin de mettre de la vigueur et de l'unité dans les opérations militaires, et d'inspirer de la confiance aux puissances alliées.

A ces considérations sur l'état politique de son pays, l'esprit actif et méthodique de Luzac avoit lié de bonne heure des recherches étendues et suivies sur les sources et sur le développement de sa prospérité. Il en consigna le résultat dans l'excellent ouvrage intitulé : *La Richesse de la Hollande* (1), qui, publié d'abord en français, subit ensuite dans l'édition hollandoise soignée par l'auteur lui-même (2) plusieurs

(1) Londres [Leyde], 1778, 2 vol. in-4.º.
(2) Hollands Rykdom door M. ELIAS LUZAC. Leiden, 1780. 4 vol. in-8.º.

changemens et des améliorations importantes. Parmi une foule de choses où le mérite de la nouveauté se joint à celui de l'utilité, je dois faire remarquer les preuves qui y sont alléguées de l'état florissant où se trouvoit le commerce hollandois, non-seulement avant l'établissement de la république, mais aussi avant que le pays eût eu pour comtes des princes aussi puissans que les rois d'Espagne. C'est que déja dans les temps les plus reculés on jouissoit ici d'une liberté inconnue dans les contrées voisines, et que, grâces à l'influence salutaire de la masse des citoyens, le gouvernement régloit et calculoit toutes ses mesures sur le bien du trafic et de l'industrie. Aussi Luzac, qui avoit pris pour épigraphe d'un de ses derniers ouvrages ces paroles du chancelier Bacon : *Retrahe res ad primam earum institutionem et circumspice in quibus, et quibus modis degeneraverint,* ne cessoit d'en faire la base de tous ses conseils, et recommandoit un prompt retour aux anciens principes, comme le moyen le plus efficace pour rétablir les affaires. Mais quel moment pour annoncer une telle doctrine que celui où, par une révolution complète, la manie de tout changer, de tout reconstruire, avoit pris la place de l'admiration exclusive qui naguères nous tenoit enchaînés aux règlemens de nos ancêtres ! Luzac cependant ne se découragea pas, et opposa sans relâche aux imprudens novateurs les puissantes armes que lui fournissoient sa logique et son profond savoir. Ses *Lettres de Reinier Vryaard* (1) et son *Spectateur Patriotique* (2) furent successivement publiés dans ce dessein. Utiles pour les lecteurs de tous les pays, ces écrits étoient surtout intéressans pour les Hollandois, témoins et victimes des dissentions qui tourmentoient alors leur patrie. Aujourd'hui que les passions sont éteintes, ce sont toujours des monumens d'une rare sagacité, et ils contiennent un grand nombre de passages qu'on ne peut lire sans se demander avec étonnement : l'auteur étoit-il prophète ?

La *Lettre sur le danger de changer la constitution d'un gouvernement*, qui parut en 1792, fut le dernier effort de Luzac dans cette lutte trop inégale entre la sagesse et la turbulence, entre l'enthousiasme et la raison. Il étoit alors septuagénaire, et les événemens effrayans, qui se succédèrent depuis avec une rapidité toujours croissante, durent enfin lui enlever jusqu'au dernier doute sur la proximité d'un bouleversement

(1) Reinier Vryaards Openhartige brieven. Deventer et Zwol. 4 vol. 1281 - 1784.
(2) Vaderlandsche Staetzbechouwer; 1784-1790.

inévitable dans les propriétés, dans les institutions anciennes, dans toutes les idées les plus essentielles à l'ordre social. Il décéda à Leyde, en 1796, dans le temps même où au milieu des mouvemens populaires et des excès qui en sont inséparables, on venoit de consommer la ruine de la constitution hollandoise. Des sentimens plus douloureux pouvoient - ils accompagner au tombeau l'homme qui avoit consacré ses plus chères méditations et sa vie entière au bien de son pays et à la défense de la vérité?

Loin de nous cependant la pensée qu'il n'a pas trouvé des consolations, soit dans l'intime conviction d'avoir toujours rempli les devoirs d'un ami des lumières et d'un vertueux citoyen, soit dans la perspective d'un avenir, éloigné peut-être mais certain, où sa voix, méconnue par ses contemporains, seroit écoutée et respectée par des générations moins indociles. Pour moi, qui dois aux conseils de Luzac tout le fruit que j'ai retiré de l'étude des sciences et de la philosophie, si mes forces égaloient ma reconnoissance, je préparerois, je hâterois cette heureuse époque; j'éleverois à sa gloire un monument impérissable. Ne pouvant aspirer à une si douce jouissance, j'ai voulu du moins ramener sur ses travaux l'attention du monde savant, et proposer aux jeunes littérateurs l'illustre exemple d'une carrière honorablement fournie dans les temps les plus difficiles; d'un constant amour de l'indépendance, toujours concilié avec l'activité la plus éclairée pour le bien des hommes et pour le progrès des connoissances utiles, et enfin de la rectitude morale jointe à un savoir éminent.

www.ingramcontent.com/pod-product-compliance
Lightning Source LLC
Chambersburg PA
CBHW061755060726
47597CB00007B/2943